AF498028

ASSOCIATION FRANÇAISE

POUR

L'AVANCEMENT DES SCIENCES

CONGRÈS DE NANTES

1875

M _______________________________

PARIS

AU SECRÉTARIAT DE L'ASSOCIATION

76, rue de Rennes.

Association Française pour l'avancement des Sciences

M. LE D\u1d63 NEPVEU

Ancien interne des hôpitaux de Paris, chef de laboratoire de la Faculté à l'hôpital de la Pitié,
membre de la Société anatomique et de la Société de Biologie.

CONTRIBUTION A L'HISTOIRE DE LA CAROTIDE PRIMITIVE ET DES ACCIDENTS CONSÉCUTIFS A LA LIGATURE DE CE VAISSEAU

— *Séance du 26 août 1875.* —

La dénudation des gros vaisseaux a été peu étudiée jusqu'ici et nous ne trouvons sur ce sujet, qui intéresse si fort la pratique, qu'un travail d'ensemble dû au docteur Delbarre, élève de M. Verneuil (*Thèse inaugurale*, 1869). Cependant cette dénudation s'observe dans des circonstances variées, blessures diverses, ulcérations allant jusqu'à la gaîne des vaisseaux, foyers de suppuration entourant l'artère, applications caustiques imprudentes, et enfin dénudation volontaire quand une tumeur arrive jusqu'aux troncs artériels et qu'on veut l'enlever en totalité.

Nous ne voulons pas reprendre toute cette question, mais seulement publier un fait qui montre dans quel embarras peut se trouver le chirurgien, quand il est aux prises avec une dénudation de la carotide primitive survenue à la suite d'une opération.

X., robuste campagnard, 56 ans, ayant toujours joui d'une excellente santé, vit apparaître il y a 15 mois environ sur la partie latérale droite du cou une tumeur sous-cutanée, mobile, ayant les caractères d'un ganglion hypertrophié. Aucune cause appréciable ne pouvait être invoquée : il n'y avait dans les antécédents ni syphilis, ni scrofule, ni affection des téguments ou des muqueuses de la tête. En dépit des divers topiques, la tumeur grossit rapidement, se ramollit, s'ulcéra, et donna de bonne heure lieu à des hémorrhagies répétées et abondantes.

Le médecin ordinaire tenta, non point l'ablation complète de la masse, mais seulement l'ablation de la partie saillante; une hémorrhagie considérable suivit cette tentative, et bientôt la tumeur reprit et dépassa de beaucoup son volume primitif.

X... se décide à venir à Paris et entre à la Pitié, le 15 mars 1875, salle Saint-Louis, n° 12, service de M. Verneuil.

Etat actuel. La tumeur s'étend dans le sens vertical depuis le bord inférieur de la mâchoire jusqu'au voisinage de la clavicule et transversalement depuis le cartilage thyroïde jusqu'aux masses musculaires de la nuque; elle forme une saillie hémisphérique un peu aplatie, épaisse à son centre de 6 à 7 cent. environ, et présente à sa circonférence un contour assez nettement circonscrit. La partie proéminente centrale est recouverte par une épaisse plaque noirâtre, vestige des applications réitérées de perchlorure de fer faites pour modérer les hémorrhagies; à la périphérie la peau est adhérente, épaisse, très-vasculaire, mais elle reprend ses caractères normaux à 2 cent. environ du contour de la masse. Malgré son étendue, celle-ci semble jouir d'une mobilité très-appréciable sur les parties profondes, ce qui fait penser qu'il n'existe point là d'adhérences bien solides.

Cette exploration, bien que tout à fait indolente, est rendue délicate par l'extrême facilité avec laquelle le sang coule au moindre attouchement exercé sur la tumeur.

D'après la marche, la situation et les caractères du mal, M. Verneuil diagnostique un lymphadénôme ayant envahi la plus grande partie des ganglions cervicaux du côté droit, tout en respectant les vaisseaux et nerfs profonds qui ne paraissent ni comprimés ni envahis. Ceux du côté gauche sont tout à fait indemnes ainsi que ceux des aisselles, des aines, etc. La rate et les organes abdominaux n'offrent aucune lésion apparente; il n'y a pas de leucocythémie. L'auscultation n'indique aucun désordre dans les poumons; les digestions sont bonnes; l'intelligence et les fonctions locomotrices absolument normales.

Le malade est amaigri et accuse une diminution générale des forces; mais ceci s'explique aisément par les hémorrhagies antérieures, par la vive inquiétude et par les douleurs violentes et incessantes ressenties depuis deux mois et qui ont aboli complétement le sommeil.

X... demande avec insistance une opération, quelle qu'elle soit, et quel que soit le danger, pourvu qu'on parvienne à le soulager.

M. Verneuil hésitait beaucoup. En effet cette opération promettait à la fois d'être fort laborieuse dans son exécution et très-dangereuse dans ses suites immédiates et éloignées; peut-être même serait il impossible de la terminer complétement.

D'après l'origine et les rapports présents du mal, il fallait nécessairement s'attendre à ouvrir largement la gaîne des vaisseaux carotidiens et à agir sur les organes qu'elle renferme. Si on parvenait à isoler heureusement la production pathologique tout entière, on avait à redouter tous les accidents auxquels peut donner lieu une plaie énorme du cou et le voisinage dangereux du larynx et de la poitrine.

L'état lamentable du patient et son insistance décidèrent cependant M. Verneuil, qui déjà avait mené à bien d'aussi grandes entreprises et qui comptait d'ailleurs appeler à son aide tous les agents combinés de l'exérèse.

Voici le plan qu'on se proposait de suivre : circonscrire toute la tumeur avec le couteau galvanique et creuser ainsi autour d'elle un sillon aussi profond que possible, atteindre en particulier le plus tôt possible à la partie inférieure et antérieure la gaîne des vaisseaux. pour pouvoir au besoin comprimer ou lier la carotide primitive, au cas où une hémorrhagie grave se montrerait dans le cours de l'opération.

Le sillon circulaire tracé, enlever avec l'écraseur linéaire tout la partie saillante de la masse pour mettre librement à nu la partie profonde.

Procéder ensuite avec lenteur à l'énucléation de cette dernière, temps délicat, puisqu'il faudrait nécessairement isoler et respecter les vaisseaux carotidiens. Si on constatait alors des connexions trop intimes entre le néoplasme et les vaisseaux susdits, on aurait fait de ceux-ci la ligature et au besoin la résection.

Des pinces hémostatiques étaient disposées en nombre suffisant, ainsi que de fortes ligatures, à conduire avec l'aiguille de Deschamps. On se promettait bien de ne se servir en aucun cas de l'instrument tranchant.

Le 23 juin, ce programme fut suivi à peu près littéralement, sauf quelques modifications rendues nécessaires. Tout d'abord, la pile du galvano-cautère marchant assez mal, et la section de la peau se faisant trop lentement, on essaya alors de prendre le bistouri; mais on dut y renoncer sur-le-champ, car sur les bords d'une incision de deux pouces environ, une foule d'artérioles se mirent à verser du sang, qu'il fallut au moins 5 ou 6 pinces pour arrêter. Le couteau galvanique fut repris, mais dut encore être abandonné pour une autre cause. Un aide, ayant placé sa main sur la tumeur pour tendre la peau et faciliter la section, arracha la croûte ; aussitôt une pluie de sang s'échappa de la surface ulcérée, et se répandant sur toute la région, éteignit à plusieurs reprises le couteau rougi.

M. Verneuil prit alors le parti d'énucléer rapidement toute la masse fongueuse, puis, pour arrêter le sang, qui suintait en abondance du fond de ce large cratère, il appliqua une plaque large et épaisse d'amadou, sur laquelle on exerça avec la main une compression assez forte qui arrêta l'hémorrhagie et fut maintenue provisoire-ment en place. La région ayant été débarrassée du sang et le liquide de la pile ayant été renouvelé, on reprit la dissection périphérique, qui put enfin être continuée sans encombre. Sous le bord de la branche horizontale de la mâchoire, on énucléa successivement les ganglions sous-maxillaires et sous-hyoïdiens au nombre de 5 à 6, et qui avaient acquis le volume d'une petite noix en moyenne. Ils étaient peu adhé-rents, mais on jugea prudent de jeter sur leur pédicule une forte ligature préalable. On peut respecter la glande sous-maxillaire.

La même manœuvre fut répétée en haut et en arrière de l'angle de la mâchoire, le long de sa branche ascendante. Là, en effet, on retrouva un chapelet de ganglions cachés sous la face profonde du muscle sterno-mastoïdien et s'insinuant même entre les muscles postérieurs du cou.

La parotide ne fut pas entamée, mais seulement assez largement découverte en arrière ; en bas et en avant, la section de la peau fut assez facile ; on divisa en tra-vers le muscle sterno-cleido-mastoïdien à deux travers de doigt de la clavicule et du sternum (déjà on l'avait sectionné en haut à une distance à peu près égale de son insertion mastoïdienne) et on constata heureusement l'intégrité du corps thyroïde et de la partie inférieure de la gaîne carotidienne.

Toute cette dissection périphérique fut longue, mais n'amena qu'une perte de sang insignifiante, grâce à l'emploi exclusif des doigts et des instruments mousses pour l'énucléation, et du galvano-cautère pour les sections.

Restait à faire l'ablation de la base de la tumeur, encore adhérente dans l'étendue d'un carré de 7 à 8 cent. au moins de côté.

L'amadou enlevé et le sang bien arrêté, on distinguait facilement tous les tissus de la région. On procéda avec plus de soin que jamais de la manière suivante :

Le segment moyen du sterno-mastoïdien fut détaché de bas en haut et d'arrière en avant avec les masses ganglionnaires sous-jacentes, de façon que la carotide primitive pût être dénudée sans la moindre lésion dans une étendue de 4 centi-mètres, à partir du bas jusqu'à sa bifurcation ; un fragment de la masse morbide paraissant à ce niveau un peu plus adhérent à la gaîne des vaisseaux, est étreint dans une forte ligature.

La jugulaire interne est moins facile à distinguer, parce qu'elle est le plus souvent affaissée et ne se gonfle que de temps en temps ; on était parvenu à la ménager entièrement, lorsqu'en arrachant un petit ganglion qui lui était accolé, on déchira la veine afférente, ce qui amena (comme j'ai déjà vu ce fait se produire quelquefois) une ouverture latérale du gros tronc veineux. Deux ligatures appliquées à 3 cent. de distance, arrêtèrent l'hémorrhagie. La jugulaire fut réséquée dans l'intervalle des fils.

En détachant les dernières traces de la tumeur au niveau du bouquet de la caro-tide externe, on lia, avant ou après leur ouverture, encore quatre artères de moyen calibre. Mais enfin cette laborieuse opération s'acheva sans autre incident, après plus d'une heure de durée, et lorsque nous fûmes bien convaincus que l'extirpation était complète.

On avait bien perdu 4 à 500 grammes de sang, dont les 3/4 au moins provenaient de la tumeur, car la dissection proprement dite en avait fourni peu. Sans la section de la circonférence au galvanocautère et l'énucléation exclusivement faite avec des instruments mousses, il est certain que l'hémorrhagie eût été infiniment plus forte.

L'énorme plaie, bien arrosée avec une solution phéniquée au 100e, fut recouverte de petits fragments de mousseline juxtaposés, puis, comme à la manière accoutumée, d'une compresse de même étoffe, d'une couche de ouate et d'une plaque de taffetas gommé.

Toutes les deux heures, les couches superficielles étaient enlevées et l'on fit sur la première mousseline une pulvérisation de quelques minutes avec la même solution phéniquée.

A son réveil, le malade était un peu faible, mais il était dès le soir même tout à fait remis. Le lendemain soir seulement, la fièvre traumatique s'alluma, sans atteindre plus de 39°.

Les choses se passèrent fort simplement les jours suivants : ni douleurs, ni accidents quelconques, sauf un peu de difficulté dans la déglutition. La détersion marcha même plus vite que je ne l'aurais pensé, car dès le cinquième jour, une grande partie de sa surface était déjà recouverte de belles granulations et fournissait un pus épais, crêmeux de très-bonne nature.

Deux circonstances cependant causaient quelque inquiétude : d'abord la fièvre, sans être très-forte, se maintenait toujours autour de 39°5, et dura jusqu'au onzième jour, puis on se préoccupait de ce qu'allait devenir la carotide, si largement dénudée.

Pendant les trois premiers jours, on ne distinguait le vaisseau qu'à ses battements visibles et tangibles, toute la surface traumatique étant uniformément tapissée par cette couche grisâtre qu'on rencontre toujours à la surface des plaies par arrachement (ou énucléation). Lorsque par l'élimination de la couche susdite les granulations se dégagèrent, elles ne se montrèrent point tout d'abord sur le trajet du vaisseau, qui paraissait au milieu d'elles comme un demi-cylindre grisâtre.

Au bout de la première semaine cependant, ces bourgeons commencèrent à s'étendre des parties voisines sur le vaisseau, comme les anses vasculaires dans le chémosis recouvrent peu à peu la cornée. Les choses marchèrent même assez vite pour que le 7 juillet, quatorze jours après l'opération, l'artère fût presque entièrement tapissée par une belle couche de bourgeons continus avec ceux du voisinage. On voyait et l'on sentait encore les battements, qui toutefois étaient sensiblement moins forts qu'au début, comme si le calibre de l'artère diminuait peu à peu.

Ce travail protecteur, malheureusement ne s'achevait pas ; tout à fait en haut, vers la bifurcation carotidienne, au dessous de la petite masse sphacélée par la ligature et que nous avons signalée plus haut, la paroi vasculaire restait grise dans l'étendue de 7 à 8 mil. en hauteur, sur 5 à 6 en largeur. Une rupture prochaine était à redouter dans ce point. On redoubla de précaution dans les pansements ; on toucha plusieurs fois par jour, avec un pinceau imbibé d'eau phéniquée plus forte, la petite masse sphacélée pour en hâter l'élimination et provoquer la formation des bourgeons charnus, et l'on attendit.

Le 8 juillet, tout semblait aller mieux ; la fièvre était tout à fait tombée, l'état général meilleur, et la tache grisâtre correspondant à l'artère semblait notablement diminuée.

Le 9, tout allait brusquement changer. A cinq heures du matin, le malade est réveillé par une assez vive douleur dans la plaie ; il appelle l'infirmier et lui demande de lui faire son pansement ; à peine celui-ci a-t-il enlevé les pièces superficielles, qu'un jet de sang assez volumineux s'échappe de la plaie. L'infirmier applique d'abord le doigt sur le point d'où vient l'hémorrhagie, puis une plaque d'amadou qu'il maintient fortement en place ; la sœur du service, fort expérimentée, remplace son serviteur et fait la compression digitale dans la plaie. L'interne de garde arrive à son tour ; l'hémorrhagie, suspendue un instant, reparaît ; on comprime le bout cardiaque ; le sang s'arrête, mais au bout de quelques minutes sort à nouveau par le bout périphérique. L'interne essaie en vain d'appliquer là une pince hémostatique ; alors il reprend, avec l'aide d'un de ses collègues, la compression directe et digitale sur l'orifice qui verse le sang, et envoie chercher M. Verneuil, qui arrive aussitôt, une heure et demie après le début de l'accident.

Le malade, qui a perdu 5 à 600 grammes de sang, est pâle et anxieux. Cependant, le pouls est bon, la respiration régulière, les battements carotidiens forts. Après s'être assuré que le sang sort d'une rupture de l'artère au niveau du point dénudé et non recouvert de granulations, M. Verneuil, faisant laisser le doigt d'un aide sur la perforation, se mit en devoir de lier la carotide à 3 cent. au dessous d'elle. Pour cela, il isola soigneusement le vaisseau au bas de la portion primitivement dénudée avec une sonde cannelée ; pour ménager sûrement l'artère recouverte de granulations, il applique successivement sur ses faces interne et externe la pulpe de l'index et du pouce, et conduit la sonde avec la pointe de l'ongle. Il passe ensuite, et sans précipitation, l'aiguille de Deschamps au dessous du vaisseau en le rasant au plus près ; une ligature un peu forte ainsi conduite sert d'abord à soulever légèrement l'artère pour étreindre celle-ci entre le mors d'une pince à polype. M. Verneuil avait pris cette dernière précaution, parce qu'il comptait peu sur la ligature et craignait qu'elle coupât promptement le vaisseau, n'ayant plus pour résister sa tunique dartoïque métamorphosée en bourgeons charnus.

Cette prévision était exacte, car en serrant ensuite le fil, même avec précaution, on sentit distinctement qu'il coupait presque complétement le conduit vasculaire, et à l'autopsie faite 28 heures après la mort et 52 heures après la ligature, on constata que celle-ci avait pénétré largement dans la cavité du vaisseau.

Le bout cardiaque obturé, la compression digitale fut suspendue ; on vit alors très-distinctement la rupture artérielle, et il fut possible d'y introduire de haut en bas et de bas en haut l'extrémité d'une sonde cannelée dans la carotide et dans son renflement terminal.

Le sang apparut alors par le bout périphérique. Une ligature eût été ici bien difficile à appliquer, ou bien il eût fallu sans doute en placer une sur la carotide interne ; une autre sur l'externe, une troisième peut-être sur la thyroïdienne supérieure. M. Verneuil se contenta de glisser une pince hémostatique en travers et au dessus de la perforation, et comme l'écoulement diminuait sans s'arrêter complétement, deux autres pinces furent encore mises en place pour saisir sûrement toutes les branches émanées de la bifurcation. L'hémorrhagie fut ainsi définitivement maîtrisée.

Les quatre pinces furent assujetties de façon à n'être pas gênantes : tout le monde, soit dit en passant, put remarquer que leur application avait été infiniment plus facile et plus expéditive que le passage de la ligature.

Du reste, pendant toutes ces opérations hémostatiques, le patient a perdu fort peu de sang.

Rassuré sur le danger pressant de l'hémorrhagie, on s'occupa du malade ; on le trouva dans un état singulier : il était fort pâle et dans un état demi-comateux, n'ayant du reste donné, pendant toute l'opération, que des signes équivoques de sensibilité ; il répondait cependant, quoique avec lenteur, aux questions qu'on lui adressait, et n'était certainement point en syncope, car le pouls était plutôt plein et fort. On remarqua de plus une paralysie faciale du côté opposé, et une hémiplégie très-évidente du bras et de la jambe gauche, au contraire, un certain degré de contracture du bras droit.

M. Verneuil était tenté de voir là ces phénomènes subits qui suivent la ligature de la carotide primitive, mais il apprit aussitôt de la bouche de l'interne de garde que ces symptômes étaient plus anciens et qu'ils remontaient à l'instant même où l'on avait fait, vers 5 h. 1/2, la compression du bout cardiaque de la carotide immédiatement au dessous de la perforation. Les phénomènes de paralysie s'étaient rapidement produits, mais légers encore, et ils n'avaient fait que s'accroître depuis.

D'autre part, une autre remarque non moins curieuse fut communiquée par un des assistants à la première opération. Pendant le cours de celle-ci, au moment où le sang coulait en abondance de la tumeur, le doigt fut pendant quelques instants appliqué sur la carotide primitive. Or, l'aide en question nota alors l'apparition d'une pâleur subite, avec collapsus de la face et respiration stertoreuse. Tout cela ayant cessé lorsque le doigt compresseur fut enlevé, on n'en avait pas prévenu l'opérateur.

M. Verneuil fit le matin même une leçon clinique sur ce fait intéressant ; il passa en revue les accidents cérébraux consécutifs à la ligature de la carotide primitive, et suivant l'usage, les divisa en immédiats et tardifs. Rappelant ensuite les hypothèses régnantes, il adopta pour les accidents immédiats l'ischémie due à l'insuffisance des anastomoses, et pour les accidents tardifs la théorie de M. L. Le Fort, dont il avait lui-même démontré l'exactitude.

Il annonça donc que chez son malade, on trouverait sans doute l'artère communicante de Willis très-peu développée, ce qui expliquait et les accidents passagers observés pendant l'opération, et l'hémiplégie consécutive à la ligature récente.

Intercurremment, il dit quelques mots de la friabilité des artères baignées par le pus, et tout en admettant comme généralement vraie l'opinion de Guthrie et de Nélaton qui contestent cette friabilité, il fit des réserves pour les artères dénudées dont la tunique externe perd sa résistance lorsqu'elle est métamorphosée en membrane granuleuse.

Enfin il porta un pronostic très grave qui fut bientôt justifié, car le malade, après être resté tout le jour dans un état de coma tranquille, s'éteignit le matin suivant à 6 heures, 24 heures après l'arrêt de l'hémorrhagie.

Examen histologique de la tumeur. A l'état frais, grandes et volumineuses cellules fusiformes ou arrondies, munies de 2 à 6 noyaux et remplies de granulations. A l'état dur, après l'emploi d'acide picrique, gomme et alcool, on voit sur des coupes minces les mêmes éléments un peu rétractés, fortement serrés les uns contre les autres, et simulant ainsi des masses épithéliales. Cependant les prolongements fusiformes se distinguent encore aisément en certains points. Le reticulum est bien visible en quelques endroits, mais il a disparu dans la plus grande partie de la masse. En résumé, il s'agit d'un lympho-sarcome à cellules fusiformes multinucléées.

L'autopsie faite avec le plus grand soin révéla des particularités d'un grand intérêt.

1° Le ramollissement de la plus grande partie de l'hémisphère cérébral droit, c'est-à-dire de tout le territoire arrosé par l'artère sylvienne. La pulpe cérébrale d'un blanc verdâtre est absolument ischémiée, et après l'ablation de la pie-mère, se laisse dissocier par un filet d'eau.

2° L'artère communicante de Willis est des deux côtés filiforme ; elle est beaucoup au dessous de la moyenne, d'après M. Duret, interne du service, qui a fait de nombreuses recherches sur les vaisseaux de l'encéphale.

3° L'artère sylvienne est thrombosée dans une longueur de plusieurs centimètres à partir de son origine, et la coagulation s'étend à ses branches principales. Le caillot s'étend en bas dans la terminaison de la carotide, à sa sortie du canal carotidien (la portion intraosseuse du vaisseau n'a pas été ouverte).

4° Entre les pinces hémostatiques supérieures, c'est-à-dire placées au dessus de la perforation, et l'entrée dans le crâne, la carotide interne ne renferme *aucun caillot*. Il n'y en a pas davantage dans la carotide primitive, entre son origine au tronc brachio-céphalique et la pince hémostatique inférieure, placée, comme on l'a dit, à deux centimètres environ de la perforation.

5° Entre les pinces supérieure et inférieure, on trouve cette perforation comme on l'avait vue pendant la vie, existant à un centimètre au dessous de la bifurcation de la carotide primitive. Elle mesure plusieurs millimètres et occupe le centre d'une plaque nécrosée de la paroi artérielle. En fendant avec précaution le vaisseau au dessous de l'orifice accidentel, on trouve entre lui et la ligature sous-jacente à la pince, un caillot déjà ancien, long de 11 à 12 millimètres, plus petit que le calibre vasculaire, libre de toute adhérence, et qui semble rompu à ses deux extrémités.

6° La ligature avait coupé toute la moitié antérieure de la carotide. Plus bas, au niveau de la pince, les tuniques sont légèrement mâchonnées ; l'interne présente plusieurs petites fissures.

7° Le nerf pneumo-gastrique droit est étreint dans la ligature et au dessous également compris entre les mors de la pince.

8° Les deux tronçons de la jugulaire interne, au dessous des points liés pendant l'opération première, sont vides et tout à fait revenus sur eux-mêmes. Les orifices sont oblitérés par adhésion des parois dans une certaine étendue.

9° L'hémisphère cérébral gauche, ainsi que les extrémités antérieure et postérieure de l'hémisphère droit, sont hyperémiés, la pie-mère fortement injectée.

Au sommet de l'hémisphère gauche, tout près de la suture sagittale, à un centimètre environ de la surface, se découvre un noyau noirâtre du volume d'une amande, qu'on prend d'abord pour un foyer apoplectique à cause de sa coloration ; mais on constate sans peine que s'il est entouré d'une extravasation sanguine, en revanche il est formé à son centre d'un tissu absolument semblable à celui de la tumeur. C'est donc une production secondaire, un commencement de généralisation du néoplasme dont rien pendant la vie n'aurait pu faire soupçonner l'existence.

10° Les deux poumons sont congestionnés à leur base, du reste sains et sans trace de productions néoplasiques. En dépit de la ligature du nerf pneumogastrique, les altérations de nature purement hypostatique ne sont pas plus développées à droite qu'à gauche.

Les reins, le foie, le cœur, n'offrent point d'autre lésion qu'une anémie prononcée.

Dans une nouvelle leçon clinique, M. Verneuil commente ces résultats nécroscopiques. Il regrette d'abord d'avoir opéré, puisque la présence d'un noyau secondaire dans le cerveau rendait la guérison impossible, et insiste à ce propos sur l'impossibilité où l'on est le plus souvent de diagnostiquer les dépôts métastatiques viscéraux, et aussi sur la marche généralement funeste des opérations pratiquées quand ces dépôts existent. Il pense aussi que l'épanchement sanguin qui entourait la tumeur cérébrale est de date toute récente, et qu'elle s'est formée le jour même de l'hémorrhagie par le fait de la congestion de l'hémisphère gauche.

A propos de la faute opératoire commise en comprenant le nerf pneumogastrique dans la ligature, M. Verneuil s'étonne de l'avoir commise, croyant avoir pris toutes les précautions nécessaires pour l'éviter. C'est la seconde fois qu'il lui arrive de lier un nerf conjointement avec une artère. Dans le premier cas, c'est une branche du plexus brachial qui fut étreinte en même temps que l'artère axillaire, pour une hémorrhagie secondaire au sein d'un foyer en suppuration. On peut invoquer comme circonstance atténuante les adhérences intimes que les nerfs contractent avec les vaisseaux quand l'inflammation a envahi la gaîne de ces derniers. Il devient très-difficile alors de distinguer et d'isoler les cordons nerveux des conduits vasculaires. Au reste, bien que le dernier malade ne fût point endormi, il n'accusa aucune sensation particulière et ne présenta pas de phénomènes spéciaux au moment où le pneumogastrique fut serré par le fil et la pince.

La même observation sert à prouver que la ligature de la jugulaire interne n'a pas grande influence sur la circulation encéphalique, ce que du reste beaucoup d'autres faits ont déjà démontré.

Mais, ajouta M. Verneuil, on doit surtout demander à l'autopsie l'explication des accidents cérébraux et de la lésion de l'hémisphère droit. Ici, les théories rivales sont en présence. Elles sont, comme on sait, au nombre de trois : l'insuffisance de la communicante de Willis, la thrombose progressive de l'arbre carotidien, et l'embolie de l'artère sylvienne.

Dans notre cas, la communicante était à la vérité de très-petit calibre, mais elle n'était pas assez réduite cependant pour amener une ischémie totale de l'hémisphère, et surtout pour rendre compte de la formation du caillot étendu qu'on observait dans l'artère sylvienne. Tout au plus cette insuffisance anastomotique aurait pu expliquer les troubles légers et passagers qu'on avait observés pendant la première opération. Évidemment, l'oblitération de la cérébrale moyenne était la cause de la lésion cérébrale et de l'hémiplégie. Elle avait dû s'effectuer, par conséquent, au moment même où la paralysie s'était produite, c'est-à-dire à l'instant où l'interne de garde, en comprimant la carotide, l'avait vu survenir sous ses yeux.

Donc elle avait précédé de près d'une heure la ligature et ne pouvait pas à coup sûr être attribuée à une thrombose ascendante et progressive, comme dans la théorie de M. Le Fort. D'ailleurs, quand les choses se passent ainsi, on constate, depuis la ligature jusque dans le tronc de la sylvienne, *un caillot non interrompu,* tandis que l'on avait noté soigneusement l'absence de tout caillot dans la carotide interne.

Reste donc la théorie de l'embolie. M. Le Fort lui a contesté avec raison le pouvoir d'expliquer tous les cas d'hémiplégie et d'ischémie cérébrale, mais sans doute il a été trop loin en la rejetant d'une manière absolue. Outre qu'elle rend seule compte de ces accidents subits qu'on a vus survenir en cas d'anévrysmes carotidiens, elle est seule capable dans notre fait de faire comprendre l'apparition instantanée des accidents paralytiques.

Voici à peu près certainement comment les choses se sont passées. Au niveau du point mortifié de la paroi artérielle, avant la perforation, un caillot s'était formé, obturant en partie la lumière du vaisseau. Ce caillot, au moment de la rupture, modéra sans doute l'hémorrhagie, sans quoi le sang se serait échappé avec tant de violence par la large brèche, que la mort eût été sans doute très-rapide.

On appliqua d'abord le doigt sur l'orifice, et rien ne s'ensuivit qu'une hémostase prompte. A l'arrivée de l'interne de garde, on leva le doigt et le sang ne repartit que quelques instants après, ce qui implique la présence en ce point d'un obstacle formé vraisemblablement par le caillot entier ou fragmenté.

La compression fut faite alors sur le bout cardiaque seul, un peu au-dessous de la perforation. C'est à peu près à ce moment que parurent les phénomènes de paralysie à gauche. C'est que très-probablement le caillot se divisa ; une partie resta dans la carotide primitive, où elle fut retrouvée à l'autopsie, et l'autre partie, parcourant la carotide interne, alla s'enfoncer dans l'artère sylvienne, qu'elle obtura complétement. C'est si peu au niveau de la ligature et postérieurement à elle que le caillot est parti, que l'on ne trouva ni au-dessus ni au-dessous des pinces hémostatiques la moindre trace de thrombose, ce qui n'a rien d'étonnant, les coagulums manquant de coutume dans les cas de ligatures faites *in extremis* et sur des sujets moribonds.

En résumé, si la théorie de l'embolie rend mal compte des accidents hémiplégiques consécutifs à la ligature de la carotide primitive, elle est seule acceptable dans le cas actuel, qui se rapproche, du reste, des cas où un caillot migrateur s'échappe soit d'un sac anévrysmal, soit des cavités cardiaques elles-mêmes.

Nantes. — Imp, Vincent Forest et Émile Grimaud, place du Commerce, 4.

ASSOCIATION FRANÇAISE

POUR L'AVANCEMENT DES SCIENCES

EXTRAIT DES STATUTS ET RÈGLEMENT

VOTÉS PAR L'ASSEMBLÉE GÉNÉRALE DU 27 AOUT 1874.

STATUTS.

Art. 4. — L'Association se compose de membres fondateurs et de membres ordinaires : les uns et les autres sont admis, sur leur demande, par le Conseil.

Art. 5. — Sont membres fondateurs les personnes qui auront souscrit, à une époque quelconque, une ou plusieurs parts du capital social : ces parts sont de 500 francs.

Art. 7. — Tous les membres jouissent des mêmes droits. Toutefois les noms des membres fondateurs figurent perpétuellement en tête des listes alphabétiques, et les membres reçoivent gratuitement pendant toute leur vie autant d'exemplaires des publications de l'Association qu'ils ont souscrit de parts du capital social.

RÈGLEMENT.

Art. 1er. — Le taux de la cotisation annuelle des membres non fondateurs est fixé à 20 francs.

Art. 2. — Tout membre a le droit de racheter ses cotisations à venir en versant une fois pour toutes la somme de 200 francs. Il devient ainsi membre à vie.

La liste alphabétique des membres à vie est publiée en tête de chaque volume, immédiatement après la liste des membres fondateurs.

Les souscriptions sont reçues :

Au Secrétariat, 76, rue de Rennes;

Chez M. Masson, *trésorier*, 17, place de l'École de Médecine.

Les souscriptions des membres fondateurs peuvent être versées en une seule fois, ou en deux versements de chacun 250 francs.

Nantes. — Imp. Vincent Forest et Emile Grimaud, place du Commerce, 4.